PHILIPPE DE VALOIS

ET

LA MALETOTE A TOURNAI

PAR

Armand d'HERBOMEZ

PARIS (VIe)

LIBRAIRIE ANCIENNE HONORÉ CHAMPION, ÉDITEUR

5, QUAI MALAQUAIS

PHILIPPE DE VALOIS

ET

LA MALETOTE A TOURNAI

PAR

Armand d'HERBOMEZ

PARIS (VIe)

LIBRAIRIE ANCIENNE HONORÉ CHAMPION, ÉDITEUR

5 QUAI MALAQUAIS

EXTRAIT DU MOYEN AGE

2ᵉ Série, Tome XI

(Mars-Avril 1907)

PHILIPPE DE VALOIS

ET

LA MALETOTE A TOURNAI

Il n'est point facile de porter un jugement sur le prince
que nous nous obstinons à appeler Philippe de Valois, du
nom que lui donnaient ses ennemis et qui voulait être
méprisant. Certes la conduite de Philippe VI a été trop sou-
vent incohérente. On a vu ce roi de France lever des armées
immenses pour le temps, les concentrer, à Buironfosse en
1339, sous les murs de Calais en 1347, et ne point oser
s'en servir. On l'a vu réunir, dans le dessein de faire lever
le siège de Tournai en 1340, une armée formidable, camper
avec elle pendant cinq semaines à Bouvines, à deux lieues
de l'ennemi, et sans se sentir impressionné par ce grand
nom : Bouvines ! ne se servir de son armée que pour arra-
cher aux Anglais et aux Allemands une trève misérable.
Et quand, après avoir suivi pas à pas les Anglais, qui
dévastaient le cœur de la France, en 1346, Philippe de
Valois, qui aurait pu les attaquer cent fois avec succès,
finit par se trouver tellement près d'eux qu'une bataille est
inévitable, les dispositions qu'il prend sont absurdes et
aboutissent naturellement au lamentable désastre de
Crécy. Les campagnes diplomatiques de Philippe VI ne
sont d'ailleurs pas moins déconcertantes ; et ce projet de
croisade, tant de fois abandonné, tant de fois repris, qui
devait être sincère et que cependant le roi ne put jamais se

résoudre à mener à bien, n'est pas moins suggestif que ces étranges négociations du début du règne avec les Ecossais, où il saute aux yeux les moins avertis que Philippe de Valois aurait voulu soutenir ses alliés sans s'engager au point d'être obligé de tirer l'épée pour eux.

Ce qu'il y eut de bizarre dans les agissements de Philippe VI n'a pas échappé à l'attention des contemporains de ce roi qui les étonnait; mais la raison d'être de ces agissements a dépassé leur compréhension. « Vous devés savoir comment et par quel consel vous avés vos guerres démenées, et comment vous, par malvais consel, avés toudis perdu et nient ganiet. — Si gardés qui est entour vous, et vous souviengne comment vous avés esté menés à Amiens, — à Burenfosse, à Thun l'Evesque, à Bouvines, à Aguillon et depuis partout; comment vous estes alés en ces lieus honnerés, à grant compaignie, à grans cous et à grans frais, et comment on vous y a tenu honteusement et ramené villainement, et fait doner toudis trieuwes; — comment pendant les trieuwes vous avès toudis gasté toute la chevanche et revenue, gabelles, imposicions et disimes [1]... » Je ne sais si ces remontrances, adressées à Philippe VI au nom des bonnes villes du royaume lors de l'assemblée des Etats-généraux convoquée à Paris à la fin de 1347, ont été entendues par le roi; mais les conditions dans lesquelles elles nous ont été conservées par un registre des Archives communales d'Arras montrent bien qu'elles ont été formulées par un contemporain. Il en résulte que c'est à de mauvais conseils que le peuple attribuait la mauvaise conduite de Philippe VI ; en quoi, d'ailleurs, il était d'accord avec les chroniqueurs, dont les récits sont remplis d'attaques contre les gens qui inspiraient au roi de France ses actes déplorables.

---

1. *Documents inédits sur l'invasion anglaise et les états au temps de Philippe VI et de Jean le Bon* par A. Guesnon (Extr. du *Bulletin historique et philologique* de 1897), p. 36-37.

A la tête de ces mauvais conseillers de Philippe VI, l'unanimité plaçait « la male reine boiteuse ». La reine Jeanne était la sœur de cette Marguerite de Bourgogne, femme de Louis le Hutin, qui avait fait scandale au temps de Philippe le Bel, et avait laissé dans le peuple un souvenir néfaste. Il est concevable qu'on ait pu penser que Jeanne de Bourgogne ne valait guère mieux que sa sœur Marguerite. Mais est-il possible d'admettre que la reine ait donné de propos délibéré au roi son époux les mauvais conseils qu'on l'accuse de lui avoir donnés? Pourquoi l'eût-elle fait? Il n'est pas moins inadmissible que les gens qui entouraient Philippe de Valois aient tous été des conseillers détestables, inintelligents, traîtres au roi et à la France. Quel eût été leur intérêt à mal conseiller Philippe VI ? Je ne puis donc croire à leurs mauvais conseils, non plus qu'à ceux de la reine. Si le roi n'a pas bien agi, c'est qu'il y avait, pour le faire mal agir, des causes profondes. On ne les a pas, que je sache, sérieusement recherchées jusqu'ici. Serait-il impossible de les discerner ?

Si vous lisez les chroniques, il vous semble que Philippe de Valois est monté sans peine sur le trône de son cousin germain Charles le Bel. Vous constatez même que tous les grands seigneurs de France ont accepté sans discussion le nouveau roi. Et de fait il est certain que les débuts de Philippe VI comme roi de France ont été faciles. Mais ces beaux jours n'ont pas eu de lendemain. Dès son retour de Flandre, le roi commença d'être discuté, et depuis lors les conspirations, les trahisons se succédèrent. Il n'est pas de règne sous lequel les exécutions pour avoir dit que le roi n'était pas le vrai roi aient été plus fréquentes. Et quelle cruauté dans ces exécutions! Il semble que le roi devient d'autant plus dur qu'il a eu plus peur ; et c'est ainsi qu'il en arrive à faire couper en morceaux les gens qui ont lésé sa majesté.

Philippe de Valois a donc passé les vingt dernières

années de son règne de vingt-deux ans à trembler pour son trône, sinon pour sa vie. Plus on s'éloignait du temps où il avait succédé sans difficulté à Charles IV, plus la question de la légitimité de cette succession se posait avec âpreté. Voilà, selon moi, ce qui explique toute la conduite du prince. L'incohérence de ses actes va de pair avec l'insécurité de son trône. Pour le roi, comme pour la reine, comme pour tous les conseillers de Philippe VI, la situation ne dut cesser d'être effrayante. Que d'alertes dans cette cour où l'on se sentait entouré de traîtres, tout prêts à se ranger sous la bannière d'Edouard III, le « roi de France et d'Angleterre » ! Dans ces conditions, quel besoin de parler de mauvais conseils pour expliquer de mauvais actes dont la génération était toute spontanée ! Philippe de Valois n'a jamais été libre de ses agissements. Qu'on dise s'il eût pu réellement, sans risquer sa couronne, quitter son royaume pour entreprendre une croisade en Orient ! Qu'on dise s'il pouvait se sentir disposé à engager des combats où une partie de son armée se retournerait peut-être contre lui, où il risquerait en un jour le sort d'un trône aussi mal affermi que le sien !

Ainsi la question de la légitimité du roi Philippe de Valois domine tout le règne de ce malheureux prince. C'est parce qu'il s'est senti discuté, et de plus en plus discuté, qu'il a donné ces signes d'incohérence incontestable qu'on remarque dans tant de ses actes. Cette incohérence, nous allons la retrouver dans certains rapports de Philippe VI avec sa bonne ville de Tournai. Mais, il faut le dire tout de suite, ici l'incohérence ne s'expliquera pas seulement par les causes très générales que je viens d'exposer ; elle s'expliquera encore par la situation très particulière de la ville de Tournai. Vis-à-vis d'elle, en principe, le roi aurait voulu continuer la politique centralisatrice de ses prédécesseurs ; et c'est ce qui fait qu'en un temps où il se sent raffermi sur son trône, il s'enhardit jusqu'à supprimer la

commune de Tournai [1]. Mais les Tournaisiens donneront
de telles marques de fidélité à Philippe de Valois, à qui
semblables marques sont si peu prodiguées par ailleurs,
que le roi de France ne pourra pas ne point changer
d'attitude à l'égard de ces excellents Français. C'est surtout à compter du long siège si stoïquement supporté par
eux pour la patrie en 1340, que les idées du roi se modifie-
ront et deviendront nettement bienveillantes pour les
habitants de Tournai. Le sentiment de la reconnaissance
entraînera le changement de la politique.

*
* *

Quand Philippe VI monta sur le trône de France, le
1er avril 1328, il se percevait à Tournai une assise ou
maletôte. Je crois en trouver la preuve dans une curieuse
quittance, en date du 22 mars 1329 (n. st.), qui se conserve
à Tournai [2], et où les prévôts, jurés et gouverneurs de la
cité de Tournai reconnaissent avoir reçu de Guillaume de
Waudripont et Libert le Vilain, leurs « combourgeois,
recheveurs de l'assize courant à présent en nodite cité »,
6928 livres, 17 sous et 6 deniers « qui furent levé par eaus
de le rechoite de ledite assize, et sunt converti ès couste-
mens et despens que lidite ville a fais en ceste présente
guerre de Flandre, tant pour les sergans d'armes que pour
les sergans de piet, cotes, armes, arbalestiers, sergans à
glave, carpentiers, fossiers et autres nécessités qui, à le
requeste dou roy nosire, furent avoech lui, où non de
nodite cité, en sen ost devant Cassiel, et alleurs en
Flandres, contre les rebelles dou pays de Flandres ».

1. Cf. à ce sujet l'article intitulé « Les Constitutions de Tournay sous
Philippe de Valois » que j'ai publié récemment dans la *Nouvelle revue his-*
torique de droit français et étranger, livraisons de mai-juin et juillet-août
1906.

2. Archives communales, Chartrier, layette de 1328 ; original scellé.

Qu'était-ce que cette assise ou maletôte, à laquelle les documents que j'ai recueillis appliquent encore, et comme indifféremment, les noms d'assiette, de collecte, de levée, de contribution ou d'imposition ? Il est impossible d'affirmer que c'était exclusivement un impôt de consommation, un impôt indirect, comme nous disons. En effet, bien que cet impôt ait toujours été à Tournai productif surtout à cause des boissons, on sait qu'il y a quelquefois pesé aussi sur les négociants et constitué comme une sorte de droit de patente. Il en fut ainsi, du moins, à l'origine de la maletôte. On en a la preuve dans un précieux tarif [1] consécutif à l'octroi de la maletôte aux Tournaisiens par le roi Philippe le Hardi en 1277. Cet octroi est perdu ; mais l'ordonnance des magistrats communaux de Tournai pour son application s'est conservée ; elle est des plus instructives. On y voit que l'assise se percevait alors sur les vins, les bières, le pain et l'hydromel, sur les teinturiers, sur les drapiers, sur tous les marchands, sur les ventes de biens et de rentes, sur les prêts sur gage ou à terme. Dans la suite la maletôte continua-t-elle d'être ainsi *ordenée?* On ne sait ; mais la lecture des documents groupés par moi semblerait bien plutôt démontrer que la maletôte a fini par n'être plus qu'un impôt sur le vin et quelques autres denrées. En tout cas, il en était certainement ainsi sous Philippe de Valois. Une charte de ce monarque, datée du 21 février 1334 [2], est à cet égard probante, puisqu'elle parle des *vins et autres*

---

1. Transcrit dans le *Registre de cuir noir* des Arch. comm. de Tournai, au folio 53. Copié dans le tome 525 (fol. 208) de la *Collection Moreau* à la Bibliothèque nationale de Paris. Publié par M. L. Verriest dans le tome LXXIII des *Bulletins de la Commission royale d'histoire de Belgique*, p. 169 et 170.

2. L'original de cette charte est perdu. Il y en a une copie du xviiie siècle à Paris, dans la *Collection Moreau*, tome 526, fol. 359, d'après le « Registre de cuir rouge 2 fol. 159 » des Arch. comm. de Tournai. L'importance de ce document inédit, dont nous avons fait un usage très fréquent dans la suite de ce mémoire, nous a incité à en donner le texte complet dans un appendice.

denrées desquelles l'assise est levée, et ne fait aucune allusion à d'autres droits, par exemple à des droits sur les marchands. Nos autres chartes de Philippe VI confirment sur ce point spécial celle du 21 février 1334, telle la charte du 28 mai 1336 [1], celle du 8 février 1337 [2] ou celle du 27 mai 1337 [3]. Tous ces documents font seulement allusion aux vins et autres *denrées*, parmi lesquelles figure l'hydromel, comme on le voit par une charte du 7 février 1347 [4]. La conclusion c'est donc que, d'impôt très général, à la fois direct et indirect, en 1277, la maletôte à Tournai est devenue exclusivement un impôt sur les liquides, et qu'il en est ainsi pendant tout le règne de Philippe de Valois.

* *
*

Bien qu'on ait la preuve [5] que, dès le mois de janvier 1268 au plus tard, un droit sur l'hydromel ait été perçu à Tournai, je ne crois pas que le premier octroi royal d'une maletôte aux Tournaisiens soit antérieur à l'année 1277. Si, depuis lors, la maletôte a toujours été levée à Tournai, c'est ce que je n'ai pas à rechercher dans le présent article, où il me suffira d'affirmer, en me basant sur les documents que j'ai publiés jadis dans mon *Philippe le Bel et*

1. Paris, Bibl. nat., *Collection Moreau*, t. 526, fol. 411 ; copie du xviii⁰ s. d'après le « Registre de cuir rouge 2 fol. 152 » des Arch. comm. de Tournai. Original perdu.

2. En vidimus dans une charte originale scellée de Philippe de Valois, donnée à Paris le 14 avril 1337, et conservée dans le Chartrier des Arch. comm. de Tournai.

3. Tournai, Arch. comm., Chartrier, layette de 1337 ; orig. sc. sur double queue en cire blanche.

4. Copie du xiv⁰ s. d'après un vidimus du prévôt de Paris délivré le 12 février 1347, dans le « Premier cartulaire » (Registre 6 fol. 174) des Arch. comm. de Tournai.

5. Dans un acte du 17 janvier 1268, conservé en original dans le Chartrier des Arch. comm. de Tournai, layette de 1267.

les Tournaisiens[1] ou dans mes *Notes et documents pour servir à l'histoire des rois fils de Philippe le Bel*[2], que depuis le règne de Philippe le Hardi cette maletôte n'a plus cessé d'être perçue. A son avènement, Philippe de Valois l'a donc trouvée en cours, comme nous l'avons vu.

On ne sait pas la date du premier renouvellement par ce prince de la maletôte octroyée aux gens de Tournai par les rois ses prédécesseurs. Il est toutefois certain que ce renouvellement est antérieur au 9 septembre 1331, puisque, dans une charte de cette date[3], le roi dit avoir déjà confirmé autrefois la maletôte octroyée aux Tournaisiens par Charles le Bel. La maletôte était donc levée à Tournai le 1er avril 1328, quand Philippe VI succéda à Charles IV, et elle continua d'y être levée après l'arrêt du 4 juillet 1332[4] qui supprima la commune de Tournai. Il y en a maintes preuves, notamment dans la charte déjà citée[5] du 21 février

1. Chartes de Philippe le Bel en date des 6 juillet 1295, 29 avril 1297 et 19 février 1307, publiées sous les numéros XXXII (page 92), XLII (p. 105) et LXXVI (p. 146).

2. Indépendamment des pièces publiées dans ces *Notes et Documents* *(Bibliothèque de l'Ecole des chartes*, année 1898, tome 59, p. 528-9, 695 note 2, 697 n. 2 et 700 n. 2), je puis encore citer, à l'appui de mon affirmation, une charte très remarquable et encore inédite de Philippe le Long, donnée à Pontoise le 12 juin 1320, et qui a été transcrite au XIVe siècle dans le Registre 130 (fol. 126b) des Arch. comm. de Tournai, trois chartes de Charles le Bel données, la première à Paris le 8 juin 1324, les deux autres à Domats les 2 et 4 août 1324, vidimées toutes trois dans un procès-verbal daté du jeudi après la mi-août (16) 1324, conservé en original dans les mêmes Arch. comm. de Tournai (Chartrier, layette de 1324), enfin un mandement du même Charles IV à Michel Mauconduit et Thomas de Marfontaines, ses conseillers, donné à Fontainebleau le 24 mai 1325, et dont on trouve le texte dans le Registre JJ 62 (fol. 219b) des Archives nationales.

3. Conservée aux Arch. comm. de Tournai (Chartrier, layette de 1331) dans un vidimus original scellé du prévôt de Paris Jehan de Milon, délivré le 10 octobre 1331.

4. Cet arrêt est publié en appendice à l'article mentionné ci-dessus p. 61 note 1.

5. Cf. ci-dessus la note 2 de la page 62.

1334, qui proclame qu'à cette date la maletôte octroyée avait encore un an à courir, à compter de la saint Jean (24 juin) 1334. Cette charte, éminemment instructive, nous apprend, d'ailleurs, bien d'autres choses. D'abord, elle prolonge d'une année le terme de la maletôte, mais sans en augmenter le montant, c'est-à-dire qu'au lieu de percevoir pendant un an, du 24 juin 1334 au 23 juin 1335, deux deniers sur les vins et autres denrées taxées, on y percevrait un seul denier, mais qu'on le percevrait alors du 24 juin 1334 au 23 juin 1336. Puis notre charte stipule qu'à l'expiration de cette maletôte une autre reprendra cours pour quatre ans (les Tournaisiens l'avaient demandée pour dix ans), c'est-à-dire du 24 juin 1336 au 23 juin 1340.

A quelle date Philippe VI modifia-t-il son octroi de cette maletôte pour quatre ans, concédé aux habitants de Tournai le 21 février 1334? c'est ce qu'on ne sait pas au juste. Mais une charte du 28 mai 1336[1] montre qu'à cette date la modification n'était pas encore effectuée. En revanche, on sait par deux lettres disparues, mais visées dans d'autres du roi au gouverneur de Tournai et datées du 8 février 1337[2], que d'abord Philippe VI avait autorisé la levée de la nouvelle maletôte depuis le 24 juin 1336 jusqu'à Pâques (20 avril) 1337. Ainsi le roi était revenu sur sa concession pour quatre ans et l'avait remplacée par une concession pour dix mois. Pourquoi? « Pour certaines causes », dit-il dans ses lettres du 8 février 1337 et notamment, comme il le dira le 27 mai 1337[3], « pour ce que il [les gens des comptes] y voloient prenre et avoir certaine portion pour nous ». On sait d'ailleurs, toujours par les mêmes lettres du 8 février, que Philippe VI avait d'abord révoqué complètement son

1. Copie du xviiie siècle à la Bibl. nat. (*Collection Moreau*, t. 526 fol. 411). Cf. ci-dessus la note 1 de la page 63.

2. Cf. ci-dessus la note 2 de la page 63.

3. Dans des lettres encore inédites, qui se conservent en original scellé dans la layette de 1337 du Chartrier des Arch. comm. de Tournai.

octroi d'une maletôte pour quatre ans, de juin 1336 à juin
1340, qu'il avait fait *assouper*, comme il dit, cette maletôte,
et mandé qu'on cessât de la lever, et que ce n'est que par
une sorte de transaction qu'il en avait de nouveau autorisé
la levée provisoire jusqu'au 20 avril 1337. Il est probable
que l'une des causes de ces tergiversations du monarque,
c'est qu'il n'avait pas apaisement sur le produit de la maletôte et l'emploi éventuel de ce produit. C'est du moins ce
que semble indiquer cette fin des lettres du 8 février 1337 :
« Et pour ce que nous voulons savoir combien puet valoir
ladite assise par an, et aussi combien lesdites choses que l'en
en devoit faire porroient couster, et qui est tenu de soustenir
et faire lesdites choses, et comment il est accoustumé, nous
vous mandons que de ce vous vous enfourmez bien et dili-
gemment, et l'informacion que faite aurez, envoiés à noz
amez et féaulz les genz de noz comptes à Paris... » Quoi-
qu'il en soit, comme le roi ne se trouvait pas encore suffisamment renseigné le 14 avril 1337, il prorogea de nouveau
ce jour-là la maletôte pour quatre mois, c'est-à-dire du
20 avril au 15 août 1337[1].

Ce provisoire ne pouvait durer ; il fallait conclure ; c'est
ce que fit le roi par ses lettres du 27 mai 1337[2], où, après
avoir rappelé que les gens des comptes avaient suspendu
la maletôte octroyée pour quatre ans, du 24 juin 1336 au
23 juin 1340 « pour ce que il y voloient prenre et avoir certaine portion pour nous et pour aucunes autres causes »,
par bienveillance pour les habitants de Tournai, « souffi-
samment enformez du bon port que font lidit habitans
envers nous », Philippe de Valois rétablit son octroi et
décide que la maletôte sera perçue jusqu'au 23 juin 1340,
comme l'avait voulu l'ordonnance du 21 février 1334.

Que s'est-il passé à dater de ce 23 juin 1340 ? A-t-on

1. Cette prorogation, datée de Paris, est en original scellé dans le
Chartrier des Arch. comm. de Tournai, layette de 1336.
2. Cité ci-dessus. Cf. la note 3 de la page 65.

cessé dès lors de lever la maletôte à Tournai? Les documents font défaut pour le dire ; mais nous savons par des lettres du 7 février 1347[1], qu'à cette époque une maletôte dont la durée était de quatre ans se percevait à Tournai. Quand ces quatre ans avaient-ils commencé à courir? Peut-être le 20 février 1343, puisque le roi semble proroger la maletôte pour trois ans à compter du 20 février 1347. Ainsi, du 24 juin 1340 au 20 février 1343, il serait à la rigueur possible que la maletôte eût cessé d'être levée à Tournai. La chose est, d'ailleurs, peu probable ; et il est certain, en revanche, que pendant les sept dernières années du règne de Philippe VI elle a été levée avec les modifications que nous donne à connaître la charte du 7 février 1347, et non sans des difficultés que signale une lettre du 21 mai 1347[2], où le roi autorise les bourgeois et habitants de Tournai à contraindre par tous moyens au paiement de la maletôte ou assiette les « genz et personnes demorans en laditte ville [qui] ont refusé et encores contredient à païer laditte assiete. »

Peu de temps avant sa mort, arrivée le 22 août 1350, Philippe de Valois avait prorogé, par lettres données à *Esgreneuil* le 20 janvier[3], la maletôte qui devait venir à expiration le 20 février 1350, et il l'avait prorogée pour quatre ans avec *creue*. C'était autoriser à percevoir la maletôte jusqu'au 19 février 1354. Bien que ce terme fût, en somme, assez éloigné, il ne parut cependant pas suffisamment long aux Tournaisiens. Ils supplièrent le roi de

---

1. En copie du xiv⁰ siècle, d'après un vidimus du prévôt de Paris Guillaume Gormont, délivré le 12 février 1347, dans le Registre 6 (Premier cartulaire) fol. 174 des Arch. comm. de Tournai. Cf. la note 4 de la page 63.

2. Lettre donnée à Arras sous le scel secret, conservée en original dans le Chartrier des Arch. comm. de Tournai, layette de 1347.

3. Ces lettres sont en copie du xiv⁰ siècle dans le Registre 6 (Premier cartulaire) fol. 178ᵇ des Arch. comm. de Tournai. — Esgreneuil =? Escrignelles, Loiret, arr. Gien, cⁿ Briare.

l'allonger encore, et le 17 mars 1350, à *Saint-Christofle en Halate* [1], Philippe de Valois faisant droit à leur demande, « pour considération des grans et bons services que lesdis supplians nous ont fait et font cescun jour », prorogea la maletôte pour six ans, mais cette fois sans *creue*, à dater du 20 février 1354.

* * *

L'objet de la maletôte était sans doute nettement déterminé par l'octroi royal de 1277, puisque l'ordonnance consécutive à cet octroi perdu [2] porte qu'il fut donné par le roi Philippe le Hardi « à le cité de Tournay pour mettre à le fortereche de le ville et non ailleurs. » Mais en 1295, comme en 1307, nous voyons Philippe le Bel déclarer que la maletôte est perçue « pro reparatione murorum et aliis necessitatibus ville [3] » et le 12 juin 1320 Philippe le Long écrit [4] que, s'il a octroyé l'assise appelée *malatota*, c'est « pro relevatione onerum ville de Tornaco. » Cela devenait vague. Aussi les magistrats communaux se trouvèrent-ils bientôt dans le cas d'être accusés d'avoir mal employé le produit de la maletôte ; et l'on sait que ce fut un des griefs du grand procès de 1323-1325, comme le montre nettement la lettre des Tournaisiens à Charles le Bel que j'ai publiée en 1898 dans la *Bibliothèque de l'Ecole des Chartes* [5]. Plus tard on voit l'objet de la maletôte s'amplifier. C'est sur elle qu'on récupérera les frais faits pour envoyer un contingent à Cassel, comme la quittance du 22 mars 1329 analysée ci-

1. Les lettres datées de Saint-Christophe (Oise, arr. Senlis, cⁿ Pont-Sainte-Maxence, c^{ne} Fleurines) sont, comme les précédentes, en copie du XIVe s. dans le Registre 6, fol. 178^b des Arch. comm. de Tournai.

2. Cf. ci-dessus la note 1 de la page 62.

3. Cf. la note 1 de la p. 64 et voyez *Philippe le Bel et les Tournaisiens*, pp. 92 et 146.

4. Dans une charte mentionnée ci-dessus page 64 note 2.

5. Tome LIX, p. 528-9.

dessus [1] l'a montré. Son objet principal, c'est toujours, d'ailleurs, la fortification de la ville, et ce n'est que s'il y a du surplus qu'on peut employer l'argent à autre chose. Cette phrase des lettres du 9 septembre 1331 [2] le prouve : « Se il avoit de ladite assiete ou maletoute aucune chose par dessus après ce que les dis murs et forteresses seroient mises et tenues en boin estat, que le sourplus il peussent convertir ou acquitter ladite ville des rentes qu'il avoient vendues... pour les réparacions desdites forteresces faites au temps des guerres de Flandre ». Alors donc on commence à employer partiellement la maletôte à convertir et acquitter des rentes ; plus tard on l'emploiera à acquitter des frais de voyage [3], à donner des gratifications [4], à payer « les frais et despens communs de la ville » [5], à réparer les ponts et chaussées, à entretenir le cours de l'Escaut ou à payer les rentes « que la ville devoit, accoustumées à païer sur ladite assise » [6], à payer les « fraiz et les mises de ladite ville », ses « fraiz convenables » [7], « pour cause des grans fraiz, dommages et intérés que vous avez faiz et soustenuz, et encores soustenez de jour en jour, pour cause de noz guerres » comme dit enfin la lettre du roi aux gens de Tournai qui est datée d'Arras le 21 mai 1347 [8]. Et c'est ainsi qu'on en arrive petit à petit à ce que la maletôte soit un impôt sans objet défini, applicable à tous les besoins, indistinctement, de la ville de Tournai.

---

1. Page 61.

2. Déjà citées, p. 64 note 3.

3. C'est ce que montre une curieuse charte de Philippe VI, datée de Château-Landon le 23 août 1332, et conservée dans le Chartrier des Arch. comm. de Tournai.

4. Preuve dans la lettre close du 16 janvier [1334] publiée à la page 376 de l'article signalé ci-dessus p. 61 n. 1.

5. Charte du 21 février 1334 signalée ci-dessus p. 62 n. 2.

6. Cf. ci-dessus p. 63 n. 2. Il s'agit d'une charte du 8 février 1337.

7. Charte du 27 mai 1337 ; Cf. ci-dessus la n. 3 de la p. 63.

8. Cette lettre a déjà été signalée ci-dessus, p. 67 n. 2.

une des conséquences de ce grand procès de 1323-
1325, que j'ai jadis raconté dans tous ses détails[1] et qui a
tant avancé à Tournai les affaires des centralisateurs.
Les nouveaux receveurs royaux de la maletôte tournaisienne sont, d'ailleurs, deux Tournaisiens, et les premiers nommés, en 1325, Guillaume de Waudripont et
Libert Vilain, sont encore en fonctions le 23 août 1332[2]
avec le titre de « députez de par le roy à lever l'assise de
la maletoulte de la ville de Tournay. » Mais bientôt après
ils vont cesser d'être ainsi « députez de par le roy », car la
charte du 21 février 1334[3] ordonnera que deux receveurs
soient établis à Tournai, l'un élu par les jurés et échevins
et l'autre choisi par le gouverneur de la ville. Depuis 1334
la maletôte sera donc perçue à Tournai par deux receveurs, l'un à la nomination du roi par l'intermédiaire de
son gouverneur de Tournai, l'autre à la nomination de la
ville par l'intermédiaire de ses jurés et échevins. Ces deux
receveurs auront un clerc, nommé de commun accord par
le gouverneur, les jurés et les échevins de Tournai. Ils
jureront entre les mains du gouverneur de faire leur recette
loyalement. Tous deux, aussi bien celui désigné par le
gouverneur que celui qui est à la nomination des magistrats communaux, devront être bourgeois de Tournai.

Si ce régime a subsisté après que le droit de commune
eût été rendu en 1340 aux Tournaisiens[4], nous ne le savons
pas. La charte du 21 février 1334[5], dont celle du 27 mai
1337[6] ne fait que rappeler les termes, est le dernier document du règne de Philippe de Valois qui fasse allusion

---

1. Dans mes *Notes et Documents pour servir à l'histoire des rois fils de
Philippe le Bel (Bibl. Ecole des Chartes*, t. LIX).

2. Cf. p. 69 n. 3.

3. Cf. p. 62 n. 2.

4. Par l'ordonnance, donnée en août au camp devant Douai, qui est
publiée dans les *Ordonnances du Louvre*, t. XII, p. 54.

5. Cf. p. 62 n. 2.

6. Cf. p. 63 n. 3.

aux receveurs de la maletôte tournaisienne ; et nous en sommes réduits aux hypothèses sur la question de savoir ce qu'il advint de ces receveurs après 1340. En voyant figurer, dès la fin de cette année 1340 et jusqu'en 1350, deux *recepteur* sur les listes du personnel municipal tournaisien [1], on est toutefois fondé à supposer que, dès que la commune eût été restituée aux gens de Tournai par la grande ordonnance d'août 1340, ces deux receveurs de la maletôte tournaisienne redevinrent des fonctionnaires exclusivement communaux, tous les deux à la nomination des magistrats de la ville.

*
* *

Venons au règlement des comptes de nos receveurs. Ici encore nous allons avoir à constater bien des incertitudes et bien des tâtonnements. Il est évident qu'antérieurement au règne de Charles le Bel, c'est la commune de Tournai qui entend les comptes de la maletôte. La lettre du 31 décembre 1324 [2] atteste que ces comptes se rendaient alors publiquement, selon l'antique usage, « cascun mois, à son de cloque, où lieu acoustumet et à huis ouviers ; et y vinrent et porent venir cil qui venir i vourent, et tout cil asquez il peoit touchier. » Mais dès les premiers mois de cette même année 1324, on prend prétexte à Paris du procès intenté à la ville de Tournai par quelques taverniers poussés par le chapitre de cette ville, pour émettre la prétention de voir les Tournaisiens rendre aux gens du roi les comptes de la maletôte à eux octroyée. Le Parlement va même alors jusqu'à vouloir que ces comptes soient rendus à Paris, et c'est par faveur que Charles IV consent

1. Ces listes sont dans les précieux *Registres de la Loi* des Arch. comm. de Tournai.

2. Publ. dans la *Bibl. de l'Ecole des Chartes*, t. LIX, p. 528-9.

qu'ils soient rendus à Tournai [1]. Mais il envoie des commissaires tout exprès pour entendre à Tournai ces comptes, et il veut qu'on les rende pour les dix dernières années écoulées. C'est une enquête en règle. Pourquoi, par ses lettres du 4 août 1324, veut-il, alors que l'avant-veille [2] il a ordonné qu'elle se fasse à Tournai, veut-il, dis-je, que cette enquête se fasse à Lille, à Mortagne ou à Saint-Amand ? Nous n'en savons rien. Je n'ai pas à rappeler ici, d'ailleurs, les péripéties très curieuses de cette enquête, et il suffit de constater que Charles IV entendait intervenir pour savoir tout ce qui concernait la maletôte à Tournai. Du reste, à la suite de l'enquête de 1324, il s'était sans doute établi pour la reddition des comptes de cette maletôte un *modus vivendi*, en vertu duquel nous verrons, en août 1329, tout au début du règne de Philippe VI, ces comptes se rendre à Tournai, en présence des gens de la ville, mais en présence aussi d'un officier royal qui, dans l'espèce, se trouve être le bailli de Vermandois [3]. Un peu

1. Par lettres données à Paris le 8 juin 1324, déjà mentionnées ci-dessus dans la note 2 de la page 64.

2. Lettres datées de Domats le 2 août 1324, mentionnées, comme celle du 4 août, dans la note 2 de la page 64.

3. Cela résulte de la très remarquable pièce suivante, qui se conserve en original dans le Chartrier des Arch. comm. de Tournai : « Nous prévost, juret, eswardeur, mayeur et gouverneur de le cyté de Tournay, faisons savoir à tous que Willaumes de Waudripont et Libiers Vilains, bourgois de ledicte cité, recheveurs de l'assize c'on dist maletote, courant en nodite cité, rendirent compte de ledite assize par caus rechiute, et des deniers qu'il paiièrent as persones asqueles nous estiemes tenut, de l'anée et dou terme qui commencha le septime jour dou mois de joing l'an mil trois cens vint et wit et fina le septime jour de joing l'an mil trois cens vint et nuef, et chou en plaine hale, à huis ouviers, à son de cloke, ensi que acoustumé a esté de compter, en la présence de homme pourvéable et honneste Jehan Blondeel, balliu de Vermendois, et par devant nous, les Trois cens de nodite cité, le peuple, et tous cheaus de no communauté qui iestre y veurent ; lequel compte par les dessusdis Willaume et Libert, de l'anée dessusdite, nous tout, nos consans, no Troi cent et tous li communs de no cyté tenons à boin et à loyal, et en quittons les dessusdis Willaume et Libiert, en le fourme et en le manière

plus tard, en mai 1333, bien que depuis le 4 juillet 1332 la commune de Tournai ait été supprimée, Philippe de Valois ne renonce pas à l'ancien usage. Par l'article 37 de sa grande ordonnance de mai 1333 [1] il prescrit, en effet, que « ceulz qui seront députez à recevoir les émolumens, revenus et pourfiz qui seront ordenez pour maintenir les fortereces et pour faire les fraiz et les nécessitez de la ville de Tournay, jurent et soient tenus de administrer loyaulment, et de rendre bon compte et loyal, quatre fois l'an, en la hale du conseil, devant le gouverneur et devant les jurez, et les eschevins, et les héritiers de la ville qui venir y volront, à son de cloche ». Le gouverneur a pris ici la place du bailli de Vermandois parce que Tournai n'est plus ville libre, et il en sera ainsi jusqu'au rétablissement de la commune en août 1340.

L'ordonnance de mai 1333 fut corroborée, en ce qui concerne la reddition des comptes de la maletôte, par celle du 21 février 1334 [2], qui prescrit que les deux receveurs de cette maletôte « renderont compte au gouverneur et aus jurés et eschevins de leur recepte et mises, à son de cloke, en la présence dou commun, en la manière acoustumée ». Mais précisément à cause de cela, sans doute, et parce qu'elles respectaient trop bien la tradition, ces dispositions des ordonnances de mai 1333 et février 1334 n'eurent pas l'heur de plaire aux gens du roi. Je crois du moins devoir attribuer à leur hostilité l'acte par lequel Philippe de Valois, par sa charte du 28 mai 1336 [3], fit payer aux Tournaisiens une augmentation par lui de la quotité de la maletôte, de l'obligation de rendre compte de cette maletôte

qu'il l'ont mis par deviers nous. Où tiesmoing de chou nous avons [séellé] ces présentes lettres de no séel, douquel nous usons en tel cas, qui furent faites et données l'an mil trois cens vint et nuef, le VIe jour d'aoust. »

1. *Ordonnances des rois de France,* t. XII, p. 18 et ss.
2. Cf. ci-dessus la note 2 de la page 62.
3. Cf. la n. 1 de la p. 63 ci-dessus.

ainsi accrue devant les gens des comptes, à Paris, ou en tel autre lieu que le roi ordonnera. Quelques mois après, par une lettre des plus curieuses, datée du 27 novembre 1336 [1] et adressée au bailli de Vermandois et au gardien de Tournai conjointement, le roi prescrit à ces officiers de recevoir les comptes des deux receveurs « des asisses qui ont esté à Tournay..., apielés audit compte rendre, sains son de cloke, des bonnes gens de ladite ville teuls et tel nombre comme vous verrez que bon sera ». On le voit, cette lettre déroge notablement aux usages antérieurs. On ne comptera plus désormais à Tournai devant le peuple appelé par la cloche du beffroi ; on comptera en catimini, devant ceux des Tournaisiens qu'il plaira aux officiers royaux d'appeler, et en tel nombre qu'il leur plaira de les appeler. Et de ce compte le bailli ou le gardien feront leur rapport à la Chambre des comptes.

Je ne crois pas toutefois que ces dispositions soient devenues de règle, et je présume que, tout au moins après 1340, elles ont dû cesser de recevoir leur application, si tant est même qu'elles aient été appliquées jusqu'en 1340. Cependant, aucun document ne me permet de dire au juste ce qui s'est passé à Tournai, en matière de règlement des comptes de la maletôte, après que le roi eût restitué leur commune aux Tournaisiens. Il ne me surprendrait pas qu'ils aient alors recouvré leur droit d'entendre les comptes de leurs receveurs, puisque l'article 36 de l'ordonnance d'août 1340 [2] veut « que tous les droiz, franchises et libertez que ilz ont acquises où temps passé..., et tous les usaiges et les coustumes desquelles il ont anciennement accoustumé à user leur soient sauf, et que il en puissent user... en la manière anciennement accoustumée. » Mais,

---

1. Tournai, Arch. comm., Chartrier, layette de 1336 ; Copie simple sur parchemin, contemporaine de l'acte et émanant vraisemblablement de la chancellerie royale.

2. Publ. dans les *Ordonnances des rois de France*, t. XII, p. 58.

je le répète, je manque de documents pour être affirmatif sur ce point, et étant donnée l'imprécision des termes de l'ordonnance d'août 1340, je ne puis que supposer que cette ordonnance a rendu aux Tournaisiens leur liberté financière en même temps que toutes leurs autres libertés.

*
* *

Les receveurs n'ont pas le droit de disposer du produit de la maletôte qu'ils sont chargés de percevoir ; et s'ils ont mission d'employer tout ou partie de ce produit, ils ne le peuvent faire spontanément. De qui reçoivent-ils les ordres sur ce point ? autrement dit, qui ordonnance à Tournai sous Philippe de Valois les dépenses que les receveurs de la maletôte sont chargés de régler ? C'est ce qu'il reste à examiner.

Il est aisé de concevoir que nos rois, en octroyant aux Tournaisiens le droit de lever une maletôte dans un but déterminé, devaient en arriver fatalement à s'assurer par enquête que le produit de cette maletôte avait bien reçu la destination qui lui avait été fixée. Mais pour comprendre comment le pouvoir royal en est venu jusqu'à disposer lui-même des fonds de la maletôte tournaisienne, il faut de toute nécessité se remémorer la révolution qui s'est faite dans les rapports du roi avec la ville de Tournai à la suite de cette *Affaire des Taverniers* sur laquelle j'ai autrefois donné tous les éclaircissements possibles [1]. C'est donc à compter de l'année 1325 qu'on verra pour la première fois le pouvoir royal donner des ordres aux receveurs de la maletôte tournaisienne, devenus dès lors des officiers royaux, et régler l'emploi du produit de cette maletôte. Ces mêmes errements seront suivis sous Philippe de Valois. Il s'en trouve une première preuve dans

---

1. Dans la *Bibliothèque de l'Ecole des Chartes* de 1898, t. LIX, pp. 520 et ss.

les lettres datées de Paris le 9 septembre 1331[1], où l'on voit le roi mander aux receveurs de l'assiette ou maletôte de Tournai « que ce que il aueront d'argent de ladite assiete après lesdites choses [les murs et forteresces] maintenues..., il délivrent en l'acquit et paiement de l'achat des rentes que il doivent à quelque personne que ce soit, et pour quelque cause que ce soit, à héritage ou à vie. » Peu de temps après, le 23 août 1332, Philippe de Valois mande aux mêmes receveurs de délivrer une certaine somme, pour leurs frais de voyage, à quelques bourgeois de Tournai qui sont venus le trouver[2]. Et quand les Tournaisiens, pour manifester leur reconnaissance à Pierre de la Marlière, gouverneur de leur ville, pour son bon gouvernement, ont l'idée de donner à ce sergent d'armes du roi une gratification ou, comme ils disent, une *courtoisie* de cinq cents livres à prendre sur la maletôte de la ville, c'est encore le roi qui mande aux receveurs de cette maletôte de payer la gratification, les habitants de Tournai n'ayant pu que requérir à cet effet le bon plaisir du roi[3]. Il est vrai que nous sommes alors en janvier 1334, que la commune de Tournai est depuis dix-huit mois supprimée, que le roi est tout-puissant dans la place et qu'il n'est pas encore revenu à l'égard des gens de Tournai aux bons sentiments auxquels il reviendra surtout après le siège de 1340.

Au reste nous n'attendrons pas cette date de 1340 pour constater que Philippe VI n'a pas conservé longtemps vis-à-vis des Tournaisiens l'attitude autoritaire que nous révèlent les actes dont je viens de parler. Dès l'année 1337, un revirement semble déjà se faire dans l'esprit du roi, puisque nous le voyons, le 27 mai[4], disposer « que les fraiz

1. Déjà citées plus haut, n. 3 de la p. 64.
2. Cf. ci-dessus, p. 69 n. 3.
3. Cf. ci-dessus la note 4 de la page 69.
4. Cf. note 3 p. 63.

convenables de ladite ville [de Tournai] soient prins sur l'assise tant comme elle durra, par l'assentement des jurez, des eschevins et du gouverneur establi par nous à Tournai, ou de la plus grant partie des diz jurez et eschevins. » Il semble bien résulter de là que ce n'est plus maintenant le pouvoir royal tout seul qui dispose du produit de la maletôte de Tournai, et certes c'est un progrès dans le sens de la liberté. Après 1340, quand le roi eut restauré presque complètement la commune de Tournai sur ses bases anciennes, je crois qu'il s'en fit un autre, et que le droit de disposer du produit de la maletôte fut rendu à la ville de Tournai en même temps que la plupart de ses autres droits. Mais par un phénomène plutôt singulier, à compter de cette restauration de 1340, les documents concernant la maletôte de Tournai deviennent d'une rareté qui contraste avec l'abondance relative des documents financiers qui se réfèrent à la période antérieure. Je dois donc encore une fois me tenir ici dans le domaine de l'hypothèse, et me borner à supposer que, pendant les dix dernières années du règne de Philippe VI, l'ordonnancement des dépenses à régler sur le produit de la maletôte s'est fait, à Tournai, par les soins des magistrats communaux.

Armand D'HERBOMEZ.

APPENDICE

Ordonnance de Philippe de Valois, donnée à Paris, le 21 février 1334, et relative à la Maletôte de Tournai.

(Archives communales de Tournai, Registre de cuir rouge 2, folie 159; copie du xive siècle).

Ph[elippes], par le grâce de Dieu roy de Franche, à tous ceuls qui ces présentes lettres verront salut.

Savoir faisons que, comme les habitans de la ville de Tournay nous eussent fait certaines requestes ou supplications touchans le profit commun de la dicte ville, si comme il disoient, et ycelles requestes ou supplications nous eussent bailliés en escript par articles, nous, veues ycelles requestes ou supplications, de grâce espécial et de certaine science, par délibération de nostre conseil, leur avons ottroié ce qu'il nous requéroient et supplioient, et ottrions, par le teneur de ces lettres, en la fourme et en la manière et avec les attemperences qui s'ensuient :

Premièrement, sur ce que il requéroient et supplioient, par le premier article de leur dicte supplication ou requeste, que comme par nous fust ordené, si comme il disoient, que les frais et despens communs de la dicte ville fussent prins sur l'assise qui est à présent en la dicte ville ottroiée par nous, par l'assentement et acord des jurés et eschevins de la dicte ville u de la plus grant partie d'euls, en la présence du gouverneur par nous establi en la dicte ville u de son lieutenant, et de la dicte ordenance n'eussent esté faites lettres, pour quoi supplioient que de ce leur donnissons lettres à fin que il peussent soustenir les fraiz de la dicte ville et garder l'ouneur d'ycelle, il nous plait et volons, et leur avons ottroiiet et ottrions, que les frais convenables de la dicte ville soient prins sur la dicte assise, tant comme elle durra, par l'assentement des jurés et des eskievins et dou gouverneur establi par nous à Tornay, ou de la plus grant partie desdis jurés et eskievins.

Item, sur ce que il requéroient et supplioient par un desdis articles de leur supplication ou requeste, en disant que por che que l'assise ottroiée par nous, qui est à présent levée en la dicte ville, laquele il ont encore à tenir de la saint Jehan prochain venant en un an, est moult greveuse, et les gens de la dicte ville désiroient, si comme il disoient, à tout le profit commun et la pais et transquillité dou peuple, que nous leur vossissions modérer la dicte assise en la manière qui s'ensuit ; c'est asavoir que la dicte derrenière année de la dicte assise fust mis à deus ans, et que de che que on lièvec à présent deus deniers fust levé un denier les dis deus ans tant seulement, tant sur vin comme sur les autres denrées desqueles la dicte assise est levée, il nous plaist et volons, et leur avons ottroié et ottroions, que ainsi soit comme supplié le nous ont ; c'est asavoir que la dicte derrenière année soit mise à deus ans, et que de che de quoi doit estre levé deus deniers por la dicte assise por la dicte derrenière année, soit levé un denier as dictes deus années.

Item, sur ce que il requéroient et supplioient, par un autre article de leur dicte requeste, que apriés ce que le temps des dictes deus années de la dicte assise seroit failli, nous pleust à euls ottroiier une assise à dis ans, à prendre une maille parisie (*sic*) d'un lot de vin et des autres denrées à l'avenant, afin que des rentes et charges dont la dicte ville est chargié à présent il se peussent acquiter et paiier les frais et les mises de la dicte ville, il nous plaist et leur avons ottroié et ottroions la dicte assise estre levée en le manière que supplié le nous ont ; c'est asavoir une maille parisis por un lot de vin et des autres denrées à l'avenant, à quatre ans tant seulement après les deus ans dessus dis. Et à ce le gouverneur establi de par nous à Tornay y establira un homme de par nous, borgois de la dicte ville, avoec celi que il y metteront de par euls. Et de ce qui sera receu, tant de l'assise qui est à présent comme de ceste que nous leur ottroions, si comme ci-dessus est dit, il paieront les rentes qu'il doivent acoustumées à paiier sur la dicte assise, avoec les autres frais et cous de la dicte ville, et parferont et retendront les fortereches de la dicte ville, les pons, les chauchiés et les cours de la rivière, et les autres coses acoustumées à retenir.

Item, sur ce que par un desdis articles de leur dicte supplication ou requeste il supplioient à euls estre ottroié que, por recevoir la dicte assise et la convertir ès usages où elle doit estre convertie, li juré et eskievin de la dicte ville, u la plus grant partie d'euls, eussent pooir d'eslire deus recheveurs, liquels eussent gages raisonables, tels comme boin sembleroit as jurés et eskievins, et aussi un clerc, il nous plaist et leur avons ottroié et ottroions que deus receveurs y soient establi, borgois de la dicte ville, c'est asavoir un esleu par lesdis jurés et eskievins ou la plus grant partie d'euls, et l'autre par ledit gouverneur de Tornai ; et que un clerc y soit establi par l'acort doudit gouverneur et des jurés et eskievins u de la plus grant partie d'euls. Et jureront lesdis receveurs ès mains doudit gouverneur que bien et loialment il feront la dicte recepte. Et renderont compte audit gouverneur et ausdis jurés et eskievins de lor receptes et mises, à son de cloke, en la présence dou commun, en la manière acoustumée.

En tesmoing de laquele cose nous avons fait mettre nostre seiel en ces lettres.

Donné à Paris, le XXIe jour de février l'an de grâce M. CCC. XXXIIJ.

Par le Roy, à la relation dou conseil où quel Vous estiés.

Ja. DE BOULAY.

Abbeville. — Imprimerie F. PAILLART.